Unser Weg, so weit ...

Bibliografische Information der Deutschen Nationalbibliothek
Die Deutsche Nationalbibliothek verzeichnet diese Publikation
in der Deutschen Nationalbibliografie;
detaillierte bibliografische Daten sind im Internet über
http://dnb.d-nb.de abrufbar.

2018 für die deutsche Ausgabe: arsEdition GmbH,
Friedrichstraße 9, 80801 München
Alle Rechte vorbehalten
Titel der englischen Originalausgabe:
We travel so far
© 2017 Quarto Publishing plc
2017 zuerst erschienen bei words&pictures,
einem Imprint der Quarto Gruppe.
The Old Brewery, 6 Blundell Street,
London N7 9BH, United Kingdom.
www.QuartoKnows.com
Text: Laura Knowles
Illustrationen: Chris Madden
Aus dem Englischen von Victoria Lach

ISBN 978-3-8458-2886-2

www.arsedition.de

MIX
Papier aus verantwor-
tungsvollen Quellen
FSC® C104723

Für Abi & Elliot,
meine ganze Welt.
Ich liebe euch.
C.M.

Für meine Freunde
und meine Familie
weit weg.
L.K.

Unser Weg,
so weit ...

Geschrieben von Laura Knowles
Mit Bildern von Chris Madden

arsEdition

INHALT

Kleine Geschichten von großen Tierreisen

Jede Geschichte in diesem Buch ist wahr. Es sind Geschichten von unglaublichen Tierreisen: unter Wasser, durch die Luft und über Land.

Diese Art von Tierreisen nennt man auch »Wanderung«.

Oft wandern Tiere mit dem Wechsel der Jahreszeit.
Einige wandern, um Nahrung zu finden, andere suchen einen
guten Ort, um sich zu paaren und ihre Jungen aufzuziehen.
Für die meisten wandernden Tiere aber spielen alle diese
Gründe eine Rolle.

Der Drang zur Wanderung ist instinktiv:
Von ihrer Geburt an
ist er fest in ihnen verankert.

Dieses Buch erzählt die Geschichten von einigen
wandernden Tieren unserer Erde. Aber es gibt noch
viele andere Arten, die jedes Jahr unglaubliche
Entfernungen zurücklegen.

Das nächste Mal, wenn du einen Vogel über dir fliegen
siehst, denk dran: Er könnte gerade den weiten
Weg von Afrika geflogen sein!

Wir sind die

Lederschildkröten.

Wir sind rekordverdächtige Schwimmer.

Für köstliche Quallenschwärme reisen wir
bis zu 10 000 Kilometer durch den Ozean.

Keiner weiß so recht, wie wir das schaffen, aber wir finden immer den Weg zurück zum Strand, an dem wir Jahre zuvor geboren wurden. Dort legen wir nämlich unsere eigenen Eier ab.

Wir sind die **Buckelwale**.

Die Langstreckenschwimmer,
die Ozeanvagabunden.

Im Winter schwimmen wir zu den
warmen, tropischen Meeren.

Dort bringen wir
unsere Babys zur Welt.

Aber wenn der Sommer kommt,
reisen wir zurück in die eisigen Polarmeere.

Dann verspeisen wir kleine
Fische und Krill, um ein
weiteres Jahr zu überleben.

Wir sind die 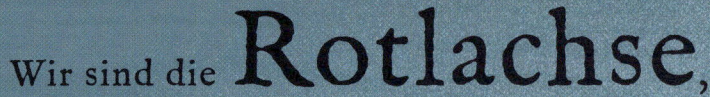**Rotlachse**,
die glitschigen, schimmernden Lachse.

Weit reisten wir durch den Ozean –
bis nach Hause zu den Flüssen,
in denen wir einst schlüpften.

Jetzt müssen wir gegen die Strömung schwimmen,

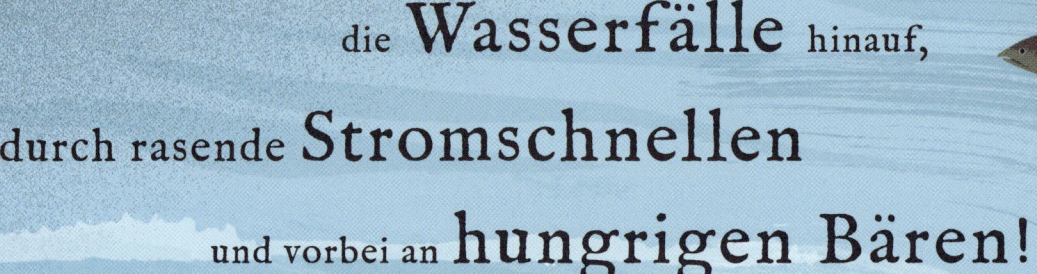

die **Wasserfälle** hinauf,

durch rasende **Stromschnellen**

und vorbei an **hungrigen Bären**!

Wenn wir die flachen, ruhigen Bäche erreichen,
werden wir unsere Eier legen.

Dann ist unsere Reise zu Ende.
Doch schon bald werden neue Lachse
schlüpfen und ihren eigenen Weg zum
Ozean antreten.

Wir sind die Karibik-Langusten.

Wir leben in flachen Küstengewässern.
Wir verstecken uns in Rissen und Spalten.
Wir mögen warme, ruhige Gewässer.

Aber wenn der Winter naht,
ziehen auch Stürme auf.

Schnell!

Auf ins tiefe Gewässer,
wo nicht alles aufgewirbelt wird.

Unsere Wanderung ist ein lustiger Anblick.
Wir verbinden uns zu einer langen Reihe
von stacheligen Meeresboden-Krabblern.

Wie wir den Weg finden?
Wir haben unseren eigenen magnetischen Kompass!

Wir sind die See-Elefanten,

schwimmende Ozeanabenteurer.

Jedes Jahr unternehmen wir zwei Wanderungen.

Im Winter bringen wir unsere Jungen an den steinigen
Stränden von Mexiko und Kalifornien zur Welt.

Drei Monate lang leben wir von unseren Fettreserven.
Doch langsam werden wir dünn und hungrig.

Wenn der Frühling kommt, brechen wir in
den Nordpazifik auf, um Nahrung zu finden.

Wir schwimmen! Wir essen!

Wir gewinnen neue Kraft!

Im Sommer reisen wir zurück zu unseren Stränden.
Dort werfen wir unsere Haare und unsere Haut ab.

Und schon sind wir wieder auf dem Weg!
Noch bevor der Winter kommt, schwimmen
wir zur Futtersuche in den kalten Norden.

Wir sind die **Europäischen Aale**.

Wir sind lange und glitschige Schwimmer.

Die meiste Zeit unseres Lebens verbringen wir in Flüssen.

Wir werden **groß**,

wir werden **alt**

und wir **warten**.

In einer dunklen Herbstnacht beginnen wir unsere Reise.

Wenn wir die salzige Küste erreichen, weiten sich unsere Augen

und unsere Haut wird zu schimmerndem Silber.

Im Frühjahr fliegen wir auf der Suche

nach Blüten ins östliche Nordamerika.

Im Sommer bauen wir Nester
und ziehen unsere Kleinen auf.

Bis zum Herbst müssen wir mehr
Futter finden. Deshalb fliegen wir
in die Wärme Mittelamerikas.

Wir sind die **Wanderalbatrosse**,
die langflügeligen Windreiter.

Wir sausen über die Wellen, wir segeln durch die Lüfte.

Stundenlang fliegen wir über den stürmischen Südlichen Ozean.

In der Nacht fressen wir und ruhen uns auf der rauen Meeresoberfläche aus.
Nur alle zwei Jahre kommen wir zurück ans Land.

Dann findet jeder von uns seinen Partner und
wir tanzen wir den Albatros-Tanz –
mit weit gespreizten Flügeln.

Wir sind die
Monarchfalter.

Wir sind Wolken flatternder, orangefarbener Schönheiten.
Nur wenige Insekten reisen so weit wie wir.

Am Ende des Sommers,
mit Nektar gestärkt,
schwärmen wir in den Himmel aus.

Wir machen uns auf den Weg von Kanada und den nördlichen
USA bis hin zu den Küsten Kaliforniens und Mexikos:
Millionen von Schmetterlingen reisen alle gen Süden.

Wenn wir unsere Winterheimat erreichen,
hängen wir in Schwärmen von den Bäumen
und schlafen bis zum Frühling.

Wir sind die **Schreikraniche,**

geisterhafte weiße Flieger.

Durch ganz Nordamerika fliegen
wir für den Winter in den Süden.

Früher waren die Menschen unsere Feinde.
Es gab nur noch wenige von uns.
Wir wurden gejagt und unser
Lebensraum wurde uns genommen.

Jetzt unterstützen uns die Menschen.

Es braucht etwas Zeit, aber mit ihrer Hilfe finden
wir die Routen wieder, die wir einst geflogen sind.

Wir folgen dem Schreikranich-Flugzeug
über den weiten, blauen Himmel.

Wir sind die
Flughunde.

Wir flattern
durch die Nächte,
immer auf der Suche
nach etwas Süßem.

Wir leben zu Tausenden
zusammen. Alle hängen wir
kopfüber an den Bäumen Afrikas.

Wenn die Bäume des Kasanka-Nationalparks voller Früchte sind,
kommen wir von nah und fern zum Schlemmen.

Nicht einige wenige, auch kein Schwarm, nein!
Acht Millionen Fledertiere!

Wir sind die **Streifengänse**.
Wir fliegen so hoch oben wie sonst keiner.

Dort ist die Luft dünn und kalt.

Es gibt nicht viel Sauerstoff zum Atmen,
aber wir fliegen weiter und weiter.

Stundenlang, sogar nachts, breiten wir unsere Flügel
aus und fliegen über die höchsten Berge.

Immer weiter.
Weiter.
Weiter.

Schau hinunter! Siehst du den Himalaja?

Wir sind die # Wüstenheuschrecken,

ein wimmelndes Meer unersättlicher Insekten.

Für gewöhnlich gibt es von uns nur wenige und wir leben alleine.

Aber wenn der Regen kommt und
die Pflanzen frisch und grün sind,
vermehren wir uns schlagartig.

Dann gibt es Millionen
über Millionen von uns!
Ein Nebel von Heuschrecken!

Wir sind so hungrig; wir fliegen los,
um Nahrung zu finden.

Wohin wir auch wandern, fressen wir die Felder kahl.

Wir sind die

Küstenseeschwalben,

Tänzer im Tageslicht.

Von Pol zu Pol jagen wir
dem Sommer nach.

In der Arktis ziehen wir
unsere Küken auf.

Zusammen fliegen wir dann gen Süden in die Antarktis.
Dort schlemmen wir Fisch und Krill.

Wir sind klein, wir sind flink,
wir reisen um die Welt.

Wir sind die **Zebras**,
ein Streifenmeer in der Serengeti.

Unser Leben lang müssen wir in Bewegung bleiben.

Unsere Hufe tragen uns zu neuem Futter.

36

Mit unseren starken Zähnen und Mägen mampfen
wir uns durch das harte, trockene Gras.

Die frischen grünen Keime lassen wir
für Gnus und Gazellen übrig.

Wir sind die **Gnus** der afrikanischen Ebenen.

Wir folgen dem Regen dorthin,
wo das Gras grün wird.

Über Land –
Achtung vor den Löwen!

Durch den Fluss – Vorsicht vor den Krokodilen!

Mit hämmernden Hufen marschieren wir weiter;
stolpern, poltern, fühlen uns sicher in unserer Herde.

Gnus!
Eine Million Tiere!
So weit das Auge reicht!

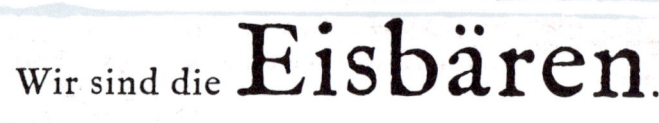

Wir sind die **Eisbären**.

Lange haben wir auf den Winter gewartet.

Darauf, dass sich das Packeis bildet.

Jetzt können wir über die Eisdecke wandern.

Wir können im eisigen Nordpolarmeer jagen.

Auf unserer Reise werden unsere Jungen stark.

Sie lernen, in dieser kalten, weißen Welt zu überleben.

Aber wenn die Welt wärmer wird, gibt es kein Eis mehr.
Und wenn es kein Eis gibt, können wir nirgends mehr jagen.

Wie sollen wir dann leben, in einer warmen, feuchten Welt?

Wir sind die Roten Landkrabben,

auch Weihnachtsinsel-Krabben genannt.
Denn das ist unsere Insel!

Wir fressen Blätter und Samen

auf dem Boden des Regenwalds.

Es dauert eine Woche, bis wir die Küste erreichen:
Rote Wellen treffen auf blaue Wellen.
Aber warum der weite Weg?

Bei Flut legen wir unsere Eier ab, damit sie
ins salzige Meer fortgeschwemmt werden.

Wenn der Herbstregen kommt,
wird es Zeit zu gehen.

Ein seitwärts krabbelnder,
roter Wettlauf zum Meer!

Wir sind die **Strumpfbandnattern**.

Wir sind Winterschläfer.

Im Herbst kriechen wir in unsere unterirdischen Löcher.
Während der kalten Jahreszeit schlafen wir, Hunderte
von Schlangen drängen sich zusammen.

Wenn der Frühling kommt, wärmen wir
unsere Haut draußen in der Sonne.

Uns ist **warm!**
Wir sind **wach!**
Wir sind **bereit,** uns zu paaren.

Zeit, in unser Sommerheim
zurückzukehren!

In der Nähe von Teichen und Bächen
leben wir im Schutz von Gras und Sträuchern.

Unsere Reise ist nicht so weit wie die von anderen Tieren,
dafür läuft sie wie geschmiert. Ein Teppich aus
sich sonnenden Schlangen ist ein außergewöhnlicher Anblick!

Wir sind die **Rentiere**,
die dickfelligen Reisenden des eisigen Nordens.

Jahr für Jahr reisen wir in langen und kurvigen Wegen
weiter als jedes andere Tier auf vier Beinen.

Mit unseren breiten und gepolsterten Füßen gehen wir in den Fußspuren des anderen, um nicht im tiefen Schnee zu versinken.

Im Frühling wandern wir nach Norden, um auf saftigen Weiden zu grasen. Im Herbst kämpfen wir uns durch den Schnee in den Süden, um dort an Flechten zu knabbern.

Bald werden wir unsere Reise wieder beginnen.

Wir sind die 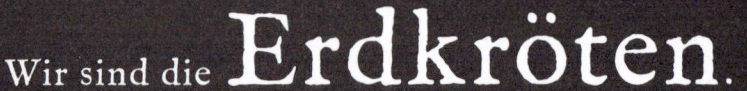 **Erdkröten**.

Wir wandern durch Gärten und Felder,
über Bäche und Straßen.

Jedes Jahr machen wir uns auf den Weg zurück zum Teich,
in dem wir einst aus dem Krötenlaich geschlüpft sind.
Dort brüten wir unsere Eier aus.

Wir wandern in der kühlen, feuchten Nacht.

Wir wandern über alles hinweg,
was auf unserem Weg liegt.

Wir wandern zusammen –
eine ganze Schar von Kröten.

Wir sind die Afrikanischen Elefanten

die Giganten der Savanne.

Wir marschieren
durch hohe Gräser,

raschel, raschel!

Wir marschieren über
die trockene Erde,

stampf,
stampf!

Unsere Anführerin zeigt uns den Weg.
Sie ist die älteste und stärkste von uns.
Sie weiß, wo wir Wasser und Futter finden.

Während der Trockenzeit sind die Wasserlöcher leer. Dann schließen
sich viele durstige Elefantenfamilien zu einer riesigen Herde zusammen.

Gemeinsam ziehen wir weiter,
bis wir endlich den Fluss erreichen.

Wir sind die
Norwegischen Lemminge.

Wir sind viel beschäftigte, pelzige Wühler.

Im Hochland und in der Tundra Norwegens sind wir zu Hause.

Wir nagen, wir graben, wir essen, wir schlafen, wir bekommen Babys.

Viele, viele Babys.

In manchen Jahren, wenn es genug zu fressen gibt, bekommen wir zu viele Babys.

Viel zu viele Lemminge!

Wir brauchen mehr Platz! Mehr Futter!

Wohin sollen wir gehen?

Wir huschen aus unseren Höhlen und suchen nach einem neuen Zuhause.

Wir sind die Kaiserpinguine.

Wir leben in einer Welt aus Eis.

Begleite uns doch, wenn wir langsam
über das gefrorene Packeis schlurfen.

Unsere Küken warten darauf, gefüttert zu werden.

Unsere Partner warten darauf,
dass sie den langen Marsch zurück zum Meer
antreten können, um Fische zu fangen.

Fast geschafft!

Wir sehen schon unsere Kolonie!

Wie schwarze Punkte auf einem weißen Blatt!

Wir sind die

Galapagos-Landleguane,

auch Drusenköpfe genannt.

Wir sind hitzesuchende, staubgrabende Drachen.

Wir leben auf den Lavafeldern von Fernandina,
einer kleinen und abgelegenen Insel.

Wenn es Zeit wird, unsere Eier zu legen, beginnen wir den langen, harten Aufstieg zum Rand eines Vulkans.

Dort oben, in die weiche Asche, graben wir unsere Nester. Die Hitze des Vulkans hält die Eier warm, bis unsere Kleinen schlüpfen.

Wir sind die **Menschen** dieser Erde.

Wir reisen aus vielen Gründen an viele Orte.

Wir reisen, um Abenteuer zu finden.
Wir reisen, um Antworten zu finden.

Wir reisen, um Nahrung zu finden.
Wir reisen, um Freiheit zu finden.

Wir reisen, um Sicherheit zu finden.
Wir reisen, um Liebe zu finden.

Wir sind die Menschen.
Unser Weg, so weit ...

Die **Weltkarte**

Kannst du einige der Tierreisen nachvollziehen,
die du in diesem Buch kennengelernt hast?

Arktischer Ozean

Nordamerika

Nordatlantik

Nordpazifik

Äquator

Südamerika

Südpazifik

Südatlantik

Südlicher
Ozean

Arktischer Ozean

Europa

Asien

Nordpazifik

Afrika

Indischer
Ozean

Ozeanien

Südlicher
Ozean

Antarktis

61

Gut zu wissen

Hier erfährst du etwas über die unglaublichen Entfernungen, die Tiere, die in diesem Buch von sich erzählen, auf ihren Reisen zurücklegen.

Wanderungen unter Wasser

LEDERSCHILDKRÖTE

ZURÜCKGELEGTE ENTFERNUNG:
16 000 Kilometer jedes Jahr
WANDERUNG: zwischen warmen Brutgebieten und kühleren Futtergebieten
VERBREITUNG: hauptsächlich tropische und gemäßigte Gewässer des Atlantischen, Pazifischen und Indischen Ozeans und des Mittelmeeres

BUCKELWAL

ZURÜCKGELEGTE ENTFERNUNG:
8200 Kilometer pro Strecke
WANDERUNG: von polaren, nahrungsreichen Gewässern im Sommer zu tropischen Gewässern für Brut und Aufzucht im Winter
VERBREITUNG: alle Ozeane

ROTLACHS

ZURÜCKGELEGTE ENTFERNUNG:
mehr als 1600 Kilometer flussaufwärts
WANDERUNG: vom offenen Ozean flussaufwärts zur Paarung und Eiablage in Seen und Bächen
VERBREITUNG: Beringsee bis Japan; Alaska bis Kalifornien

KARIBIK-LANGUSTE

ZURÜCKGELEGTE ENTFERNUNG:
bis zu 50 Kilometer pro Strecke
WANDERUNG: von seichten Ufern bis zu tieferen Gewässern im Winter
VERBREITUNG: Karibik, Golf von Mexiko und westlicher Atlantik von North Carolina, USA, bis Brasilien

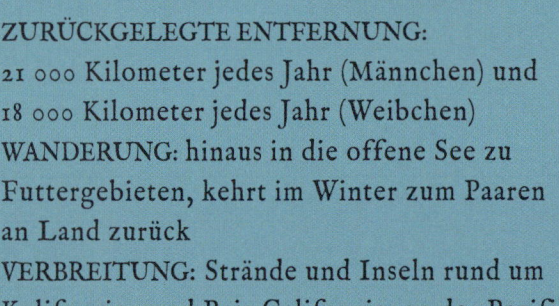

SEE-ELEFANT

ZURÜCKGELEGTE ENTFERNUNG:
21 000 Kilometer jedes Jahr (Männchen) und 18 000 Kilometer jedes Jahr (Weibchen)
WANDERUNG: hinaus in die offene See zu Futtergebieten, kehrt im Winter zum Paaren an Land zurück
VERBREITUNG: Strände und Inseln rund um Kalifornien und Baja California, an der Pazifikküste Nordamerikas

EUROPÄISCHER AAL

ZURÜCKGELEGTE ENTFERNUNG:
bis zu 8000 Kilometer
WANDERUNG: schwimmt von Flüssen und Seen in Europa über die Sargassosee in den westlichen Atlantik, Larven treiben mit Ozeanströmungen zurück in die Flüsse

Wanderungen in der Luft

RUBINKEHLKOLIBRI

ZURÜCKGELEGTE ENTFERNUNG: bis zu 6000 Kilometer pro Strecke
WANDERUNG: von Brutgebieten im Sommer im östlichen Nordamerika zu Winterquartieren in Zentralamerika

WANDERALBATROS

Rekordhalter! Größte Flügelspannweite: 3,5 Meter
ZURÜCKGELEGTE ENTFERNUNG: bis zu 20 000 Kilometer
WANDERUNG: kann auf Nahrungssuche über die Antarktis und den Südlichen Ozean den Globus umsegeln

MONARCHFALTER

ZURÜCKGELEGTE ENTFERNUNG: bis zu 4600 Kilometer
WANDERUNG: zwischen Brutplätzen in den östlichen USA und Kanada und Winterschlafquartieren in Kalifornien

SCHREIKRANICH

ZURÜCKGELEGTE ENTFERNUNG: bis zu 4000 Kilometer pro Strecke
WANDERUNG: zwischen nördlichen Brutplätzen im Inland (hauptsächlich Wood-Buffalo-Nationalpark, Kanada) und südlichen Winterquartieren an der Küste (hauptsächlich Aransas National Wildlife Refuge, Texas)

FLUGHUND

ZURÜCKGELEGTE ENTFERNUNG: bis zu 2000 Kilometer pro Strecke
WANDERUNG: von Brutplätzen in Äquatorialafrika für circa drei Monate in andere Gebiete Afrikas, um sich von Fruchtbäumen zu ernähren; bei der Wanderung Transport von Pollen und Samen

STREIFENGANS

Rekordhalter! Höchste Flughöhe: mehr als 10 000 Meter
WANDERUNG: über den Himalaja

WÜSTENHEUSCHRECKE

ZURÜCKGELEGTE ENTFERNUNG: Schwärme legen auf Tausende Kilometer weiten Wanderungen bis zu 130 Kilometer am Tag zurück
WANDERUNG: von gewöhnlichem Lebensraum im subsaharischen Afrika und dem Mittleren Osten hinaus in die umliegenden Gebieten Afrikas, Südeuropas und Asiens

KÜSTENSEESCHWALBE

Rekordhalter! Längste aufgezeichnete Vogelmigration: 96 000 Kilometer
ZURÜCKGELEGTE ENTFERNUNG: bis zu 80 500 Kilometer jedes Jahr
WANDERUNG: zwischen Brutplätzen in der Arktis (während nördlicher Sommerzeit) und Antarktis (während südlicher Sommerzeit)

Wanderungen über Land

ZEBRA

ZURÜCKGELEGTE
ENTFERNUNG:
bis zu 3200 Kilometer jedes Jahr
WANDERUNG: folgt kreisförmig dem Regen in der
Serengeti und Masai-Mara-Regionen Ostafrikas

GNU

ZURÜCKGELEGTE ENTFERNUNG:
bis zu 3 200 Kilometer jedes Jahr
WANDERUNG: folgt kreisförmig dem Regen in der
Serengeti und Masai-Mara-Regionen Ostafrikas

EISBÄR

ZURÜCKGELEGTE
ENTFERNUNG:
ca. 1125 Kilometer jedes Jahr
WANDERUNG: zwischen gefrorenem Arktischen
Ozean im Winter und Tundra im Norden Kanadas,
Grönlands und Russlands im Sommer

ROTE LANDKRABBE

ZURÜCKGELEGTE ENTFERNUNG:
bis zu 4 Kilometer pro Strecke
WANDERUNG: zwischen Regenwäldern und Küste
der Weihnachtsinsel im Indischen Ozean

STRUMPFBANDNATTER

ZURÜCKGELEGTE ENTFERNUNG:
bis zu 20 Kilometer pro Strecke
WANDERUNG: zwischen Schlaflöchern im Winter
und Feuchtgebieten im Sommer

NORWEGISCHER LEMMING

ZURÜCKGELEGTE ENTFERNUNG:
bis zu 160 Kilometer
WANDERUNG: überraschende Vermehrung alle
drei bis fünf Jahre zwingt Lemminge, zu neuen,
weniger bevölkerten Gebieten zu wandern

RENTIER

*Rekordhalter! Weiteste Wanderung eines
Säugetiers über Land*
ZURÜCKGELEGTE ENTFERNUNG:
bis zu 5000 Kilometer jedes Jahr
WANDERUNG: von nördlicher Tundra im Frühling
zu südlichen Wäldern im Winter
VERBREITUNG: Kanada, Grönland, Alaska,
nördliches Russland und Gebiete Norwegens und
Finnlands

ERDKRÖTE

ZURÜCKGELEGTE ENTFERNUNG:
zwischen 50 Meter und 5 Kilometer
WANDERUNG: zwischen Winterschlaf-
plätzen und Brutplätzen im Teich

AFRIKANISCHER ELEFANT

ZURÜCKGELEGTE ENTFERNUNG:
einige Hundert Kilometer
WANDERUNG: auf der Suche nach
Futter, Wasser oder Artgenossen
durch die Afrikanische Savanne,
je nach Trocken- und Regenzeit

KAISERPINGUIN

ZURÜCKGELEGTE ENTFERNUNG:
bis zu 160 Kilometer pro Strecke
WANDERUNG: zwischen Brutkolonien
auf den Antarktischen Eisschollen und
Futtergebieten im Ozean

GALAPAGOS-LANDLEGUAN

ZURÜCKGELEGTE ENTFERNUNG:
bis zu 16 Kilometer pro Strecke
WANDERUNG: auf den Krater
des La Cumbre Vulkans,
Fernandina, Galapagos, um
Eier in die warme Vulkanasche zu legen